ANATOMÍA CELESTE

Cristina Álvarez Puerto

Ediciones Rilke

ANATOMÍA CELESTE
Primera Edición 2024

© Cristina Álvarez Puerto 2024

© Fotografía de portada: Cristina Álvarez Puerto

© Ediciones Rilke.
http://www.edicionesrilke.com
editorial@edicionesrilke.com
C/Dr. Fleming Nº 50, 4ºD
28036 Madrid
Teléfono: 34 91 999 13 12

ISBN-13:978-84-18566-40-0

Depósito Legal: M-12236-2024

ANATOMÍA CELESTE

CRISTINA ÁLVAREZ PUERTO

A Gabriela

ANATOMÍA CELESTE I

2000 – 2010

El mundo contemplado quiere florecer en el amor.
La obra de los ojos está hecha,
haz ahora la del corazón.

Rainer María Rilke

Como un cuenco vacío
donde todo empieza de nuevo
hasta el vértice que gira
desenvolviendo el presente
invisible cadencia renovándonos.

La armonía del vuelo

Nosotros, tanto subir y bajar
para hallar una forma capaz
de permanecer en equilibrio.
Portas en tu plumaje el don
de difuminar contrastes
entre cielo y tierra.
Aire, donde suena el chopo
y reposas tu vuelo
dibujando formas libres
balance en armonía
al que tendemos.

Nueva forma cobra tu ser
cuando respiramos el sentido
de tu existencia.

Abro las manos
al cáliz de sangre
que derrama la historia.

Luciérnagas en la oscuridad
respirando para dar a luz
un corazón que nos comprenda.

Voy hundiéndome
en la tierra
vuelo a vuelo
desprendida ya
de toda rama.

Poema I

Irrumpes en el sueño.
Sueño como si fueses realidad.
Te escucho inevitablemente
y al hacerlo te dejo ser
desde el otro lado
en la boca misma del misterio.

Recién nacida

Mano cóncava guarda tu pecho erguido como la palabra que nombra tu plácido y confiado descanso en mi regazo, a la sombra del árbol. Al atardecer un árbol con frutos y una flauta que suena. Este poema llora de madrugada. Sus dientes amenazan nacer y soporta el dolor de llegar y hacerse humana. Este poema ve los colores que despide la música y escucha el último olor del campo que se lleva el viento de la tarde como ave cruza el umbral de la noche con el rumor de las estrellas y regresa cada amanecer con el destello del misterio en su sonrisa.

Pórtico de la alegría

Fragilidad en los pétalos
de amapola y en mi rostro.
Tallos y vértebras miran al sol
Gabriela despierta de la siesta
y sale a explorar confiada.

Su pequeña silueta asoma por la colina
corre hacia mí siendo el asombro mismo
con una mariquita en las manos
y en sus labios ese arco, sonrisa, pórtico
por el que cruzo a la eternidad.

Conciencia alegre de primavera
y en su brisa, inocencia
memoria de las alas renovando
mi voluntad para seguir
amando al mundo.

En tus manos está nuestro poema
el que se gira en gesto humilde hacia dentro
casando botón y ojal abriga esquinas
hasta que vida y muerte se reúnen
latiendo en la curva de los días
creando un mismo canto.

Danzan mientras hablas, tus manos
invocando la curva de mis labios.
Sonrío y brotan preguntas recién lavadas
tendidas al sol del diálogo
llave capaz de abrir cualquier candado.

Me das la mano
ni tú dices ni yo me muevo.
En la nada de este descanso
algo material se disuelve.

Ternura es ver brotes
en la grieta de un muro
brillando al ser descubiertos
como el espíritu que desata nudos
en la belleza de nuestros sentidos.

Poema II

Amor realizado que despierta
en cada verso agrandar
la sangre de los gestos,
deber de toda luz
cuando algo amanece.

Creciendo en el libre compromiso somos
verdadero puente de entrega
fuerza visible en actos que anhelan
renovada claridad que nos amanezca.

Entre luces y sombras camina el recuerdo
baja por la laringe y tragando saliva
respira frente a un puchero que silva, imágenes
en cauces de materia humeante, viajan
a la infancia en un crucero de olores.
Risas, gritos y el silbido de una olla.
La alegría vestida de inocencia
alimentaba la seguridad de ser
reunidos en torno a una mesa
a *ti* y a una promesa.

Dentro de la palabra vive
un impulso luminoso y suena
el presentir de lo humano
celebrando el ser que nos aguarda.

Se quiebra entre las hojas del álamo
luz que al suelo llega como agua
fresca brisa danza entre las ramas
de un corazón que late sin palabras.
Asoma una oración en el aire detenida
y golpeando ruinas pide permiso
para entregarse de nuevo a su destino.

Cristalina sencillez baña
las manos que esculpen
el quehacer doméstico
con serena mudez de vela.
Íntimo y largo el tejer de la larva
como discreto el sentir que vela la voz.
Surcos de ocupación cultivan,
polinizando la flor de la paciencia,
un acto que ora
sobre el pistilo de una rosa.

Encuentro un nido en el encuentro
donde voces y silencios se arropan
dispuestos a compartir.

Platos de escucha vacíos de poder
esconden en el fondo manjares
tejido de valores que alimentan.

Escuchar amasando silencio y ritmo
para ser mucho más que dos en un encuentro.

Desenterrada la realidad del otro
como un tesoro
algo renace en el lenguaje.

EL PERDÓN DE LA LUCIÉRNAGA

También la guerra obedece a la noche. Los jóvenes aman el honor, así es como pierden las guerras. Nosotros sabíamos que larga era la guerra, que algún día la ganaría aquel que fuera capaz de librarla de una manera nueva. Homero, la Ilíada.

Alessandro Baricco

He conocido vidas ad*heridas* a la crónica del mundo
he visto el alma fuera desgastarse en cruzadas
y a los amantes desnudos, muerte y vida,
tejiendo desde el perdón nuestra existencia.

Suave gesto el de no ser.
Sublime inclinación de la belleza
oasis para la sed del alma.

Frío, calor, tensión, placidez se encuentran
y comprenden la diferencia
entre lo que somos y lo que nos gustaría.

Yacen horas, agujas por el suelo
minutos enroscados en la alfombra.
Sangra el tiempo, se hace visible un ahora
recinto en que soy a *t*u lado
cuando la mano anota el paso del poema.
Amanece un tiempo nuevo sabiendo
que ni me he ido ni he estado,
siendo contigo en todas partes
mientras escribía.

Umbral entre dos mundos yergue
desde el centro de la noche sostenida
una órbita de verdad en la que aún tiemblo
como la guinda que mi madre
ponía en sus tartas cansada y amanecida.

Hundidos en la tierra ciclo tras ciclo
de siembra y cosecha cultivamos
lenguaje haciendo surcos que conectan
por los campos del cuerpo
sangre y geometría buscando armonía.

Músculos que por el caos del mundo se tensan
encuentran calígrafa voz, testimonio
que nos devuelve a la vida.

Me parece verte
por la orilla de mis días
rompiendo olas en lugares
donde fuimos armonía.

Aún te escribo negando
o dialogando con la pérdida
ad*herida* al acantilado de la memoria
el oleaje del dolor hace líquido el límite
donde tu muerte interroga mi vida.

Sombras en la almohada
donde recuesto tu ausencia
caen con la lentitud de la pluma
formando luces en la mañana.

Acallada voz de la poesía
útil para el corazón y la memoria.
Haciendo honor
a las sensibles tierras de la infancia
que araban el campo de la Palabra
con la fiel locura de quien habita
fecunda fe sin pretensiones.
Jugando
en la persistente certeza del no tiempo
donde los sentidos creaban surcos
en el ritmo del latido y sus compases.
Dentro, semillas de confianza y apertura,
aún inmunes.
Coraje y ternura para recordar
con la humilde valentía del perdón.

Siendo quietud reza el eco
sereno azul en los tonos
de la llama que abre
la primavera otra vez
con - prendida en el alma.

Dejar partir, entregar
decir *adiós*
al mismo dios y ser
fuente que canta.

Pongo un cuenco vacío
me inclino y se llena.

Sigo lecciones de la única voz que vibra
y puedo escuchar en tierra, clara
como luna llena o sol del mediodía.
La sigo con la extensa concavidad
de vidas que lleva tallando el espíritu
desde el tañido de Orfeo
o la doble muerte de Eurídice.

Si encontrásemos las columnas
donde mantener erguidos siglos
de giros y espirales sobre la voz
aquel templo, poetas, se desplomaría.

Para construir cada uno puro ser
en el deber de no regresar a Orfeo
para que descanse ya en paz la lira
regresando a nuestra propia realidad
todos a la vez para sanarla y
trascenderla con la generosa
alegría del espíritu.

Me llamabas soñadora
pero en mis manos
descansabas tu sueño.

Por encima de las pérdidas
puentes colgantes se rompen
inesperadamente
un haz de luz como escalera
vierte una comprensión novicia
que diluye el barro del vacío
su peso regando algo infinito
saciando existencia de la nada
donde seguir caminando.
Pasada la frontera de la cordura
abiertos los brazos de par en par
la mirada se transforma
siendo tan distinta la caída
envuelta en una sábana blanca
sostenida, ahora, dibuja ventanas.

Sombra de alas entre cortinas
pájaros acunan la tarde,
escuchando a las raíces
Que se desgarra, que sin miedo avanza
en la irremediable gravedad de la línea
que tiende al centro de la tierra
compensando fuerzas
donde sangró tu herida, la misma
que nos hermana siendo
testigo que reúne el misterio
alzándonos al espíritu desde la vida.

Qué sorpresa
esta redención del tiempo
transmutando sustancias
que anuncian luz conocida
en el desalojo de lo conocido
en la oscura sombra del rosal
complejo sistema de incertidumbre
alumbrando el sólido tronco
de la confianza, justa medida
reconociendo que cada cosa
sucedió en el momento preciso.

Como madera agradecida
a la oscura humedad de la tierra
doce rayos liberan calor del fuego
doce rosas liberan aroma en el aire
y la cruz revela germinando
la verdad de lo humano
que florece a tu lado.

Siento en una brizna de aire
un fonema escondido.
Abro la boca, entra suave
y lo llevo como espiga
a los campos de trigo.

Amasando silencio
hago pan
con la leña del habla
y contigo.

Manteniendo el fuego del sacrificio
la compasión se hace cuna
para el error reconocido
remediado hasta tamizar la luz
con el lodo de la misericordia.

Oración al sentido

Yemas de los dedos
niñas en los ojos
fraguas del oído
susurran con*tacto*
el lado oculto de las cosas
dando fe de lo vivido
reúnen lo que sin sentido
habitaba dividido.

La verdad ora
sobre la flor de los actos
como la abeja crea
veneno, cera, miel
sin esperar
sin juzgar nada.

Un roble dibujado en la niebla
dentro de un círculo azul respirando
entro en él sin importar si quiero.

Deshoja palabras bajo su copa
fonemas de nuevo vibrando
en mi sangre
como doradas bellotas.

Huellas en el barro del camino
evocan el sentido del pasado
en un tiempo eterno que reúne
la germinación de *t*u certeza
que regresa a mi lado.

He cantado sin cesar
hasta que el pájaro azul
traspasó minerales en mi cuerpo.

En Pascua llovía su presencia
caminando hacia mí siglos
de temor y dudas disolvía.

Por la sangre humana corren
sacrificios hechos con amor.
Paz entre las nubes para elegir
libertad entre la carne del mundo
y las venas del cielo una cruz
comprendida transciende
en su centro tu ser
Poesía.

ANATOMÍA CELESTE II

2012 - 2022

*Solo se encuentra liberación
cuando arribamos a algo permanente.*

María Zambrano

Constante salto de fe
tejido de señales
en las ramas de la vida.

El viento besando hojas esparce
dorados, ocres, alizarinas
deseo sabio que serena
porque sabe a dónde va
como el otoño.
Temporal de lágrimas o llovía
hasta llegar a la calma del invierno
desnudez repleta de ventanas
hacia el refugio esencial que nos aguarda
con sus cuatro cámaras de arropo
bombeando sin parar, noche y día.

Desnuda sencillez
sobre la llanura blanca
sigue nevando.
Una palabra fuera
la misma dentro
desnudando el lenguaje
que evoca el canto.
Nidos de plata en las ramas.
El cielo sobre la nieve
quedo, escuchando.

Canta la semilla
un almacén de alimento.
Asomando su raíz como cría
cabezuda de anfibio,
ebria por escuchar y compartir
el resonar en su latencia.
Poder germinativo del tiempo
calor que crea vía para el milagro
esencial del lenguaje escondido
en símbolos para guiar destinos
para ser ella misma vida
en los manantiales,
colgadas de doradas ramas,
como guirnaldas luminosas
bajo tierra, en el humus,
dentro de las piedras,
sobre el musgo,
resbalando por cortezas,
cayendo como agua, lágrima, nieve.
Entre la bruma, en valles y cimas.
En cada grito, canto, trino.
Identidades poblando cielo y tierra.
Todos lugares con voz.

Sin aristas
allí donde no hay velos
llegas.
En el centro de tu canto
me detengo
y alguien en mí observa.
Surge un aroma
y en él una pregunta.
Muriendo en esta alquimia
nacen respuestas, tantas
como formas
de hacer fuego
a Tu lado.

Azul ronda mi pensar
entre imágenes de destrucción
basura en los márgenes de arterias
puertas de esperanza
derrumbadas por bombas.
Cómo bombear el corazón del poema
que entra en arritmia o no sale de ella.

Las costas actuales no son eternas
otras vendrán a remplazarlas.
Me hago horizontal siendo arena
playa, ola de silencio. Nada dentro
vacío sin sentido si no *te* percibiera.
Nueva sangre vertical
abrazando toda orilla
susurra calma
serena convicción de tu existencia
vistiendo el corazón en llamas
de certeza y esperanza.

De Caín y Abel estamos hechos.
A dónde padre, madre, este abrirse
venas en la tierra de las nubes
como músculos donde creas
sombras y luces que nos asisten.
Aguardaba sin saberlo la presencia
de una intuición que imaginaba
ser pura intuición sobre el pasado
que como un largo mediodía de la noche
apareciese misteriosa crepitando.
Y fue sin más un presentir
elevándose desde la hondura
a la corriente sanguínea palpando
la vibración de la certeza.
Era tu voz, bien lo saben
mi tráquea y pulmones donde respiras
y fraguas en el oído interno el habla
que en morada vienes transformando.
Apaciguaste el temblor, vaciada
en el asombro como estaba
todo se llenaba en el órgano del aire.
Era un haz o brazos del sol que ardían como fiebre
y luego alivio fueron en el umbral del silencio
tan silencio que era aroma de palabras des cubiertas
para ser un solo cuerpo de palabra envolviendo
este amanecer o era el ocaso de lo conocido.
Tan sin darme cuenta que ni sé cómo he regresado
siendo símbolo inefable en una sencilla balsa
hacia el lugar del que partí.
De Caín o Abel estamos hechos.

Órgano del aire
talla en la laringe
un nuevo ritmo
tan repleta la ciudad
de ruido que no somos
ojos para el gesto naciente del color
ni oídos ya para el sonido que habita
en lo que duele y contiene tu visión.
Cómo traspasar límites de frecuencias
en cálidos contenidos de luz y oscuridad
sin reunirnos en *t*u nombre.

Ojalá el tiempo fuese solo lo que amamos.
Claudio Rodríguez

A veces somos un no poder parar las manecillas del tiempo
erguidos en un ficticio descanso sobre cables eléctricos
                                   [creemos
estar posados en ramas del árbol de la vida.
Aprietan soledad y silencio y de nuevo quieres salir huyendo.
Me quedo, vete tú si puedes.
En perenne observación silva la fe desde el musgo
recibo aliento para cruzar como hoja en brazos de la brisa
al otro lado y confío.

Dejé de pensar sin dormirme
y nos vi fundidos en un aliento
en una consciencia viviente.
Posibilidad en caída libre para todos
solo con desenvolver lo que no es
somos boca que como flor se abre
al recobrar el sentido de Tu nombre.

Decir si es crear
silencio habitado
verlo
desperezándose
mientras se acerca
y abre ventanas
en el cuerpo de la memoria
en el cuerpo de la voz
creando balcones
de comunicación
entre ellos y el mundo.

Dentro de la palabra si**lencio**
viven las letras del cielo
fácil mente, feliz mente.

El templo

Huesos

Portas columnas y bóveda, cimientos y ventanales
costillas, esternón y tráquea
clavículas alumbradas para alzar el templo,
desde el lugar preciso donde el corazón ora
y los guardianes permanecen despiertos.
Todo anunciaba una nueva forma de ser
vertical conciencia y percepción sosteniendo
el ritmo del latido.
Habla el hueso sobre nosotros como hablan las columnas o la palmatoria que amueblan tu casa. Abrazar los huesos meditados en la pulcra red de las neuronas, respirando cada noche el día hacia atrás, para deshacer fardos en la sangre, lianas de los músculos que limpian y dejan partir el alma hacia un lugar donde el lenguaje creará un verdadero hogar, para que la voz talle tu imagen.
(*Al alba venid*, Cantiga del amigo poema lírico anónimo medieval).

Esternón

Sentí vibrar el pecho, al lado derecho del corazón y vi la imagen de un hueso y su apófisis. En remolino de calor se irguió una sonrisa sutil y certera. Entrego la mano una vez más para tejer con pluma y escuadra, letras dando forma a la memoria del suceso.

Al pasar la noche creará un presente más vivo, acciones tras estos cantos donde el aire alumbrará el esternón como puñal sagrado que protege nuestro corazón de las tinieblas.

Músculos

Cargamos con miradas, juicios precipitados, fantasías que tensan músculos lisos y rugosos, jóvenes y antiguos. Recorro el sendero hacia atrás y me despido. Muere un tramo de vida cada noche y avanza el espíritu a lavar sus prendas en el manantial de las estrellas.

Se desgasta el hueso en el hablar sin forma y el esqueleto pide calor a los músculos, movimiento en ángulo recto que se pregunta por la intención que mueve los gestos. Hacia el alimento, la labor, crianza, hacia la tierra, el cielo de lo otro ¿qué intención nos mueve? y si fuese aquello que prohíbe amar sin amor, resucitando célula a vida en tu nombre.

Me entrego a la muerte del día como una pausa para la resurrección del cuerpo cada día.

Órganos

Seamos templo y en él que resuenen los órganos, el ojo que se vio así mismo en la llama del sol, el páncreas que volaba entre el halo nebuloso de la luna, bazo, hígado, riñones girando como estrellas en la armonía de los planetas. Los pulmones ¡ah! y el corazón aún tan nuevo, ya reunidos.

Está la estructura corporal en tránsito de disolución, pero seguirá el verbo, antiguo y moderno, pues lo antiguo ahora es lo naciente, desde el lado estrellado donde jerarquías cuidan la laringe como semilla que fortalecerá nuestro destino y Tú presencia.

Tú que también has ido viviendo cada vez más profundo, desvelando claves del misterio hasta recibir amplia, la caricia del aire en la que vibras, **voz**.

(Kemp`s Jyg pieza anónima para laúd del siglo XVI).

Vasto vientre en la noche
donde ordenas órganos
orientando el nuevo rumbo
de la sangre iluminada.

Entro en un bosque de hayas
como en un círculo de catedrales
árboles elevándome
sobre el canto de los pájaros.
Mirada que recorre distancias
entre cuerpos y reúne
en epifanía este hayedo
abriendo un mundo
que a otro me expande.

El sol en la espalada del arce
posa un rayo en gota de agua
como si llevase a la cuna
a un bebé dormido,
diminuta estrella
ondula grana para hacerse
al compás de lo que entonces
vibraba oculto entre los labios.

Es poesía el ancla del resucitado.
El aire que respira con la vida
transformando tu misterio
y repoblándonos.

Es la Palabra quien construye
la historia recordando.
Voz que sostiene lo no nacido
hasta que nace en un arrecife
de mirada, manos y labios.

El corazón en la boca aleteando
pronuncia su evocación del vuelo
todo se estremece donde
dolor y amor son a la vez, espíritu
como masa de bizcocho que sube
en fuente de barro, materia y palabra
horneando esta sensación de desaparecer
para vernos a todos siendo lo mismo.
Capaces de renacer.

Humanidad y tierra en la voz
canal sin fugas hacia el infinito donde
lo dado regresa ordenando el misterio
en una estructura de conocimiento.

Ecos guardados en la piedra
que el río despierta.

Centinela de lo bello
la humildad teje armonía
pasadizos y puentes
estancias y recovecos
dando a cada uno
su lugar, fácilmente.

Sucede que el silencio se concentra
y nos desliza a lo sublime dialogando
con todo lo que parte sin pesarnos.

Hay a quién los trinos de la mañana
le enfurecen, porque quiebra su sueño
el orden empeñado de sus días
alejado del ritmo de las aves.

Hay a quién los trinos de la mañana
de alegría le humedecen y sale a verlos
buscando en sus picos la flor del alba
audible en el canto que eleva el ánimo.

Y a pesar de esta dismetría, encontrar
un tono común, medida para el canto
o un canto rodado reteniendo
el propio canto o el del bosque
en el que tantas veces
nos perdimos y encontramos.

Desconocer es un umbral con retorno necesario
para conocer una nueva puerta como abrigo.

Caminar como hace el árbol enraizado
con sus copas en el cielo viaja el río
sorteando piedras en su cauce.
Hace dos años estuve aquí
mismo cauce, mismo nombre
y tan distinto.

Meto la mano quieta en el agua
recuerdo la mano de Da Vinci
y ambas reconocen la corriente
que se va y la que viene a la vez
fluyendo.

Eres tú quién cambia o es el río
siendo cauce tu palabra da lo mismo.

Me he disuelto en el vapor del aire
entre flores caídas para que amanezca el fruto
entre frutos devorados por picos y bocas.
Entre palabras limpias y manchadas
en noches de hermosa soledad y
días de concurrida ausencia.
Bañada de humanidad, secada al viento
volví al origen, desapareciendo.

Polvo en el interior, restos de vida
desde un nuevo mirador abren
células trituradas
que aún expresan vida.
Desde la boca del misterio,
de puntillas la materia
desvela pasadizos, destellos
de sal conservando el recuerdo,
azufre de combustiones, cambios
y ceniza de todo lo que ardía.

Deshechos liberados en exilio
energía, ideales perdidos regresan
en la barca de Caronte con tesoros
escondidos en las pérdidas.

Ese incondicional que nacimos anhelando,
entregado al mundo, regresa
desde la almoneda de la infancia
desbrozando memoria devuelven
oro en renglones regando
un manto de tierra, verdad
que en la aurora dibuja
sencillamente lo que es.
Real y realidad al reconocerse
limpian, ordenan, crecen,
manifestando el poema
que he hecho de mi vida.
Pura alquimia este dialogar
tejiendo dobladillos al lenguaje
que creció tanto sin darme cuenta.

Caminas a mi lado por la estructura
molecular del tronco de la vida.
Pasan imágenes a toda prisa
triángulos, anclas, martillos y una cruz
ahora en calma con tu escucha,
reconstruyes estancias celulares, neuronas,
como quien pasa la aspiradora de noche
conociendo los rincones donde se acumula
lo que sobró del paso por la vida.

Cuántos cambios de voz
hasta llegar a casa
con un *yo soy* en el que abres
otra puerta entre sollozos
de alegría en esta hora
pues contempla el infinito dentro
como una espiral de dominó
tumbando todo lo que sobra
a los pies que flotan
enterrados en el corazón
de la serpiente raíz pálpito
que guarda la noche.

Síntomas aliados alzan preguntas
como granos de arroz al final de una boda.
Salen del templo la respiración
el pulmón y su alegría
tejiendo pensamientos
crean una poética que casa cuerpo
alma y espíritu, razón y vida.

Lenguaje infinito ecualizando
el tono preciso en la prosa de la vida
del espíritu, materia de encuentro,
de lo inefable, palabra finita
que sostiene y germina,
conforma y alumbra lo nuevo.

Pronombres, adverbios, sustantivos
asombrados siempre de ser lo mismo
y en cada hogar, la gracia de ser
nuevos, distintos.

Significados como puntadas de oro,
plata o mirra en el resonar del universo.
Larga estirpe de licencias para el abuso
hurto de zonas invisibles.
Somos donde no vemos, invisible
alma que cediste a la conciencia
de lo ilimitado y su límite,
donas como una fuente
la cadencia de haber hallado.
Umbral traspasado
habitando la compasión
se hace tangible
en esta vuelta al mundo
materia y maternal
como incógnitas despejadas
sin errores de cálculo
fecundadas con amor
en el dolor del mundo.

Es hora de oralidad con partida
compartir para calentar germinaciones
del lenguaje nuevo, no por desconocido
sino por ser
así en la tierra como en el cielo
así en soledad como en compañía,
así de sencillo puede ser lo complejo
así sea fuera como dentro se muestra.
Llanto o risa hilvanan silencios
en un decir que es hacer
pues la garganta es ya un útero
reviviéndote desde el Gólgota,
en aire para respirar en fuego eterno
el derecho a ser lo que nos fue negado
el deber de ser lo que nos hace humanos.
Logos como ave capaz de transformarse
en obras que riegan desde el pensar
órganos para nacer cada instante
en que respiro contigo.

Dama blanca la fe
en un sencillo bazar
escogiendo por años
instantes como granos de arroz
o arena para playa del naufrago
alimentada con vocales del sentimiento
consonantes de voluntad y silencio.
Regreso con una *e*
de felicidad intercambiable
por una *a* prendida en el pecho
con la que conjugo la palabra
facilidad
en la que aprendí a vivir
tras conocer tu reino
poblando células
lado *alado*.

Recoges alas
vuelves a tierra
creas un hueco en la piedra
cantas al color del caos
y aparece un horno
para hacer pan
con cantos rodados
como espigas.

A modo de epílogo

Estos 68 poemas los comenzó a escribir una joven de 33 años que se vio sola con su bebé. Reposaban en una caja, descartados entre miles de poemas escritos durante dieciocho años, para las ediciones que llegaron durante esos años. Quisieron ser libro y vivieron una importante poda, haciéndose a fuego lento mientras trabajaba como psicomotricista, en la línea de Aucouturier basada en el juego libre, con niños en un servicio público de atención a la discapacidad en Vallecas, Madrid

Hay un término, *kintsukuroi,* que designa un antiguo arte japonés de recomponer lo roto. Cuando una pieza de cerámica se rompe, los maestros de este arte ancestral, reparan con oro las piezas dejando a la vista la cicatriz sin ocultación o disimulo, como símbolo de fortaleza, fragilidad y belleza. Leí sobre ello por casualidad terminando este libro, que tanto ha colaborado en la reparación de corazones y almas rotas.

Ver a Joyce aún con cuatro años postrada en el carrito de paseo comenzar a caminar, o a Nico que no comía sólido desde que tenía un año, incorporarse al comedor del colegio, o a Deivid que no hablaba, integrarse en el aula TEA con lenguaje funcional, o vivir el proceso de Enol o Liam saliendo de su burbuja azul, aprendiendo a hablar, y tantos otros.

Han sido muchas las personas, grandes y pequeñas, que han formado parte de este libro. A todos los llevo en mi corazón y a ti que lo tienes ahora en tus manos. Agradezco a Gabriela por acoger todo lo dado y devolverlo multiplicado siendo ella misma, a Rosa y Tomás por su confianza y ánimo constantes, a Francisco y Blanca Blanco, y a Ricardo Pinilla siempre, por ayudarme a vivir la fraternidad con mayúsculas.

Quieran estos poemas abrir una puerta a la esperanza del misterio sanador y bello de la poesía.
He observado durante el año en que este libro esperaba a su editorial, un trasfondo oracular. Cierro este proceso de más de treinta años de la mano de la poesía, invitándote a jugar abriendo esta puerta verde con una pregunta y leer qué poema llega a ti. Puedes consultarme si lo deseas.
Cristina Álvarez Puerto. cris.puerto44@gmail.com

ÍNDICE